11+
Maths
Times Table

15 Day Learning Programme

13x - 20x Tables

WORKBOOK **2**

Stephen C. Curran

This book belongs to

Accelerated Education Publications Ltd.

Contents

Times Tables

Week One

Week Two

Week Three

Multiplication Tables

TIMES TABLES
15 Day Learning Programme

This Tables Programme is designed for use over a 15 day period. There are three 5 day working periods on the Tables, with weekends free, ensuring a full mastery of the 13× to 20× Tables within just three weeks.

Two basic approaches are used to aid memorisation.
1. Writing answers to questions.   2. Using 'flash' cards.

Each day the programme follows the same format.

Stage 1 – Practise the Tables Exercises in this book.

Suppose we are learning the 13× Table. The various exercises break into four sections corresponding to the way Tables sums can be laid out.

Examples:

Show the four types of Tables questions.	Answers:
a) $4 \times 13 = ?$ b) $13 \times 4 = ?$	a) **52** b) **52**
c) $? \times 13 = 52$ d) $13 \times ? = 52$	c) **4** d) **4**

Stage 2 – Practise the Tables using the cards.

1. Work with an adult who knows their tables.
2. Shuffle the cards and turn them over one at a time.
3. Each card is used as a Multiplier.

$$4 \times 13 = 52$$

Example:

Show how cards are used with the **13× Table**.

When you deal a card the number on it becomes the Multiplier.

13 × Table	Answer
$13 =$	52

13× TABLE

15 DAY PROGRAMME
WEEK 1 – DAY 1

When you have finished the written exercises, use the cards to practise your **13× Table**.

Write in the answers. You can look at the 13× Table opposite if you need to.

Exercise 4: 1

1) 2 × 13 = _____
2) 1 × 13 = _____
3) 0 × 13 = _____
4) 3 × 13 = _____
5) 4 × 13 = _____
6) 10 × 13 = _____
7) 6 × 13 = _____
8) 7 × 13 = _____
9) 8 × 13 = _____
10) 2 × 13 = _____
11) 12 × 13 = _____
12) 11 × 13 = _____
13) 3 × 13 = _____
14) 4 × 13 = _____
15) 8 × 13 = _____
16) 5 × 13 = _____
17) 6 × 13 = _____
18) 11 × 13 = _____
19) 9 × 13 = _____
20) 6 × 13 = _____
21) 7 × 13 = _____
22) 9 × 13 = _____
23) 8 × 13 = _____
24) 7 × 13 = _____
25) 12 × 13 = _____

Mark out of 25 → [   ]

Exercise 4: 2

1) 13 × 6 = _____
2) 13 × 5 = _____
3) 13 × 9 = _____
4) 13 × 10 = _____
5) 13 × 4 = _____
6) 13 × 2 = _____
7) 13 × 4 = _____
8) 13 × 3 = _____
9) 13 × 7 = _____
10) 13 × 8 = _____
11) 13 × 1 = _____
12) 13 × 3 = _____
13) 13 × 0 = _____
14) 13 × 8 = _____
15) 13 × 12 = _____
16) 13 × 11 = _____
17) 13 × 7 = _____
18) 13 × 8 = _____
19) 13 × 6 = _____
20) 13 × 11 = _____
21) 13 × 9 = _____
22) 13 × 2 = _____
23) 13 × 12 = _____
24) 13 × 7 = _____
25) 13 × 6 = _____

[   ]

4

Now fold back the flap along the dotted line to hide the Table and complete these exercises:

Exercise 4: 3

1) ____ × 13 = 52
2) ____ × 13 = 26
3) ____ × 13 = 52
4) ____ × 13 = 39
5) ____ × 13 = 78
6) ____ × 13 = 156
7) ____ × 13 = 26
8) ____ × 13 = 117
9) ____ × 13 = 143
10) ____ × 13 = 78
11) ____ × 13 = 104
12) ____ × 13 = 91
13) ____ × 13 = 156
14) ____ × 13 = 143
15) ____ × 13 = 91
16) ____ × 13 = 78
17) ____ × 13 = 104
18) ____ × 13 = 65
19) ____ × 13 = 117
20) ____ × 13 = 104
21) ____ × 13 = 39
22) ____ × 13 = 13
23) ____ × 13 = 0
24) ____ × 13 = 91
25) ____ × 13 = 130

Exercise 4: 4

1) 13 × ____ = 78
2) 13 × ____ = 143
3) 13 × ____ = 130
4) 13 × ____ = 78
5) 13 × ____ = 91
6) 13 × ____ = 117
7) 13 × ____ = 156
8) 13 × ____ = 39
9) 13 × ____ = 104
10) 13 × ____ = 117
11) 13 × ____ = 104
12) 13 × ____ = 91
13) 13 × ____ = 39
14) 13 × ____ = 0
15) 13 × ____ = 78
16) 13 × ____ = 91
17) 13 × ____ = 104
18) 13 × ____ = 13
19) 13 × ____ = 156
20) 13 × ____ = 65
21) 13 × ____ = 52
22) 13 × ____ = 26
23) 13 × ____ = 143
24) 13 × ____ = 52
25) 13 × ____ = 26

FOLD

13× Table

0 × 13 = 0
1 × 13 = 13
2 × 13 = 26
3 × 13 = 39
4 × 13 = 52
5 × 13 = 65
6 × 13 = 78
7 × 13 = 91
8 × 13 = 104
9 × 13 = 117
10 × 13 = 130
11 × 13 = 143
12 × 13 = 156

14× TABLE

When you have finished the written exercises, use the cards to practise your **14× Table**.

Write in the answers. You can look at the 14× Table opposite if you need to.

Exercise 4: 5

1) 2×14 = _____
2) 3×14 = _____
3) 5×14 = _____
4) 4×14 = _____
5) 6×14 = _____
6) 3×14 = _____
7) 0×14 = _____
8) 8×14 = _____
9) 7×14 = _____
10) 9×14 = _____
11) 6×14 = _____
12) 8×14 = _____
13) 4×14 = _____
14) 11×14 = _____
15) 7×14 = _____
16) 11×14 = _____
17) 1×14 = _____
18) 12×14 = _____
19) 6×14 = _____
20) 10×14 = _____
21) 8×14 = _____
22) 2×14 = _____
23) 7×14 = _____
24) 9×14 = _____
25) 12×14 = _____

Exercise 4: 6

1) 14×1 = _____
2) 14×7 = _____
3) 14×0 = _____
4) 14×4 = _____
5) 14×3 = _____
6) 14×2 = _____
7) 14×6 = _____
8) 14×9 = _____
9) 14×7 = _____
10) 14×12 = _____
11) 14×8 = _____
12) 14×4 = _____
13) 14×6 = _____
14) 14×11 = _____
15) 14×7 = _____
16) 14×2 = _____
17) 14×8 = _____
18) 14×9 = _____
19) 14×3 = _____
20) 14×12 = _____
21) 14×6 = _____
22) 14×11 = _____
23) 14×8 = _____
24) 14×10 = _____
25) 14×5 = _____

Fold back the flap along the dotted line.
Now try these without checking:

Learn this Table then refer to it only if you need to.

Exercise 4: 7

1) ____ × 14 =   0

2) ____ × 14 = 154

3) ____ × 14 =   42

4) ____ × 14 =   98

5) ____ × 14 = 112

6) ____ × 14 = 126

7) ____ × 14 =   42

8) ____ × 14 = 168

9) ____ × 14 = 154

10) ____ × 14 = 140

11) ____ × 14 =   84

12) ____ × 14 = 112

13) ____ × 14 =   98

14) ____ × 14 =   56

15) ____ × 14 = 126

16) ____ × 14 =   28

17) ____ × 14 =   56

18) ____ × 14 =   70

19) ____ × 14 =   84

20) ____ × 14 =   28

21) ____ × 14 = 168

22) ____ × 14 =   14

23) ____ × 14 = 112

24) ____ × 14 =   98

25) ____ × 14 =   84

Exercise 4: 8

1) 14 × ____ = 126

2) 14 × ____ =   42

3) 14 × ____ = 168

4) 14 × ____ =   84

5) 14 × ____ =   28

6) 14 × ____ =   0

7) 14 × ____ = 112

8) 14 × ____ =   98

9) 14 × ____ =   70

10) 14 × ____ =   84

11) 14 × ____ = 154

12) 14 × ____ = 140

13) 14 × ____ = 112

14) 14 × ____ =   28

15) 14 × ____ =   98

16) 14 × ____ =   84

17) 14 × ____ =   56

18) 14 × ____ = 154

19) 14 × ____ = 126

20) 14 × ____ = 168

21) 14 × ____ =   14

22) 14 × ____ = 154

23) 14 × ____ =   42

24) 14 × ____ =   98

25) 14 × ____ = 112

14× Table

0 × 14 =   0

1 × 14 =   14

2 × 14 =   28

3 × 14 =   42

4 × 14 =   56

5 × 14 =   70

6 × 14 =   84

7 × 14 =   98

8 × 14 = 112

9 × 14 = 126

10 × 14 = 140

11 × 14 = 154

12 × 14 = 168

13× TABLE **14× TABLE**

15 DAY PROGRAMME
WEEK 1 – DAY 3

Complete the last column on page 9. Then write in the answers to the exercises below.

When you have finished the exercises, use the cards to practise your **13×** and **14× Tables**.

Exercise 4: 9

1) 6 × 13 = _____

2) 12 × 14 = _____

3) 0 × 13 = _____

4) 7 × 14 = _____

5) 8 × 13 = _____

6) 5 × 14 = _____

7) 4 × 13 = _____

8) 9 × 13 = _____

9) 2 × 13 = _____

10) 1 × 14 = _____

11) 11 × 14 = _____

12) 3 × 14 = _____

13) 10 × 13 = _____

14) 7 × 13 = _____

15) 2 × 14 = _____

16) 6 × 14 = _____

17) 7 × 13 = _____

18) 8 × 14 = _____

19) 11 × 13 = _____

20) 6 × 14 = _____

21) 4 × 14 = _____

22) 8 × 14 = _____

23) 12 × 13 = _____

24) 3 × 13 = _____

25) 9 × 14 = _____

Exercise 4: 10

1) 13 × 5 = _____

2) 14 × 0 = _____

3) 14 × 2 = _____

4) 14 × 6 = _____

5) 14 × 7 = _____

6) 13 × 4 = _____

7) 14 × 12 = _____

8) 14 × 3 = _____

9) 13 × 10 = _____

10) 13 × 7 = _____

11) 14 × 8 = _____

12) 14 × 4 = _____

13) 14 × 11 = _____

14) 13 × 3 = _____

15) 13 × 12 = _____

16) 13 × 1 = _____

17) 14 × 7 = _____

18) 13 × 9 = _____

19) 14 × 8 = _____

20) 13 × 11 = _____

21) 13 × 6 = _____

22) 13 × 2 = _____

23) 14 × 6 = _____

24) 14 × 9 = _____

25) 13 × 8 = _____

8

Fold back the flap. Then try to complete these without looking at the Tables.

Exercise 4: 11

1) ____ $\times$ 13 = 78

2) ____ $\times$ 14 = 112

3) ____ $\times$ 13 = 104

4) ____ $\times$ 14 = 126

5) ____ $\times$ 13 = 91

6) ____ $\times$ 14 = 0

7) ____ $\times$ 13 = 156

8) ____ $\times$ 14 = 14

9) ____ $\times$ 13 = 143

10) ____ $\times$ 14 = 126

11) ____ $\times$ 13 = 65

12) ____ $\times$ 13 = 117

13) ____ $\times$ 14 = 28

14) ____ $\times$ 13 = 78

15) ____ $\times$ 14 = 154

16) ____ $\times$ 14 = 42

17) ____ $\times$ 13 = 52

18) ____ $\times$ 14 = 98

19) ____ $\times$ 13 = 156

20) ____ $\times$ 13 = 104

21) ____ $\times$ 14 = 56

22) ____ $\times$ 13 = 39

23) ____ $\times$ 14 = 84

24) ____ $\times$ 13 = 26

25) ____ $\times$ 13 = 130

Exercise 4: 12

1) 13 $\times$ ____ = 13

2) 14 $\times$ ____ = 112

3) 13 $\times$ ____ = 52

4) 14 $\times$ ____ = 42

5) 14 $\times$ ____ = 98

6) 13 $\times$ ____ = 39

7) 14 $\times$ ____ = 84

8) 13 $\times$ ____ = 26

9) 13 $\times$ ____ = 0

10) 13 $\times$ ____ = 156

11) 14 $\times$ ____ = 112

12) 14 $\times$ ____ = 70

13) 13 $\times$ ____ = 117

14) 14 $\times$ ____ = 28

15) 13 $\times$ ____ = 78

16) 13 $\times$ ____ = 143

17) 13 $\times$ ____ = 104

18) 14 $\times$ ____ = 56

19) 13 $\times$ ____ = 91

20) 14 $\times$ ____ = 168

21) 14 $\times$ ____ = 126

22) 13 $\times$ ____ = 130

23) 14 $\times$ ____ = 84

24) 13 $\times$ ____ = 13

25) 14 $\times$ ____ = 154

FOLD

Complete first. Check with the Tables on pages 5 and 7 if you need to.

0 $\times$ 13 = ____

1 $\times$ 13 = ____

2 $\times$ 13 = ____

3 $\times$ 13 = ____

4 $\times$ 13 = ____

5 $\times$ 13 = ____

6 $\times$ 13 = ____

7 $\times$ 13 = ____

8 $\times$ 13 = ____

9 $\times$ 13 = ____

10 $\times$ 13 = ____

11 $\times$ 13 = ____

12 $\times$ 13 = ____

0 $\times$ 14 = ____

1 $\times$ 14 = ____

2 $\times$ 14 = ____

3 $\times$ 14 = ____

4 $\times$ 14 = ____

5 $\times$ 14 = ____

6 $\times$ 14 = ____

7 $\times$ 14 = ____

8 $\times$ 14 = ____

9 $\times$ 14 = ____

10 $\times$ 14 = ____

11 $\times$ 14 = ____

12 $\times$ 14 = ____

9

15× TABLE

15 DAY PROGRAMME WEEK 1 – DAY 4

Complete these multiplication exercises. You can look at the 15× Table opposite if you need to.

When you have finished the written exercises, use the cards to practise your **15× Table**.

Exercise 4: 13

1) $12 \times 15 =$ _____
2) $8 \times 15 =$ _____
3) $0 \times 15 =$ _____
4) $10 \times 15 =$ _____
5) $6 \times 15 =$ _____
6) $3 \times 15 =$ _____
7) $11 \times 15 =$ _____
8) $7 \times 15 =$ _____
9) $8 \times 15 =$ _____
10) $4 \times 15 =$ _____
11) $9 \times 15 =$ _____
12) $7 \times 15 =$ _____
13) $2 \times 15 =$ _____
14) $5 \times 15 =$ _____
15) $1 \times 15 =$ _____
16) $6 \times 15 =$ _____
17) $4 \times 15 =$ _____
18) $2 \times 15 =$ _____
19) $8 \times 15 =$ _____
20) $6 \times 15 =$ _____
21) $11 \times 15 =$ _____
22) $3 \times 15 =$ _____
23) $7 \times 15 =$ _____
24) $12 \times 15 =$ _____
25) $9 \times 15 =$ _____

Exercise 4: 14

1) $15 \times 6 =$ _____
2) $15 \times 8 =$ _____
3) $15 \times 12 =$ _____
4) $15 \times 2 =$ _____
5) $15 \times 5 =$ _____
6) $15 \times 3 =$ _____
7) $15 \times 7 =$ _____
8) $15 \times 12 =$ _____
9) $15 \times 9 =$ _____
10) $15 \times 6 =$ _____
11) $15 \times 11 =$ _____
12) $15 \times 8 =$ _____
13) $15 \times 10 =$ _____
14) $15 \times 2 =$ _____
15) $15 \times 11 =$ _____
16) $15 \times 6 =$ _____
17) $15 \times 3 =$ _____
18) $15 \times 0 =$ _____
19) $15 \times 7 =$ _____
20) $15 \times 8 =$ _____
21) $15 \times 4 =$ _____
22) $15 \times 9 =$ _____
23) $15 \times 7 =$ _____
24) $15 \times 1 =$ _____
25) $15 \times 4 =$ _____

Fold back the flap.
Then complete these exercises:

FOLD

Learn this Table.

Exercise 4: 15

1) ____ × 15 = 90
2) ____ × 15 = 165
3) ____ × 15 = 60
4) ____ × 15 = 75
5) ____ × 15 = 30
6) ____ × 15 = 180
7) ____ × 15 = 105
8) ____ × 15 = 90
9) ____ × 15 = 120
10) ____ × 15 = 180
11) ____ × 15 = 45
12) ____ × 15 = 0
13) ____ × 15 = 105
14) ____ × 15 = 120
15) ____ × 15 = 60
16) ____ × 15 = 15
17) ____ × 15 = 120
18) ____ × 15 = 180
19) ____ × 15 = 30
20) ____ × 15 = 150
21) ____ × 15 = 45
22) ____ × 15 = 180
23) ____ × 15 = 75
24) ____ × 15 = 165
25) ____ × 15 = 105

Exercise 4: 16

1) 15 × ____ = 165
2) 15 × ____ = 105
3) 15 × ____ = 90
4) 15 × ____ = 120
5) 15 × ____ = 45
6) 15 × ____ = 0
7) 15 × ____ = 105
8) 15 × ____ = 120
9) 15 × ____ = 60
10) 15 × ____ = 15
11) 15 × ____ = 135
12) 15 × ____ = 180
13) 15 × ____ = 30
14) 15 × ____ = 75
15) 15 × ____ = 45
16) 15 × ____ = 180
17) 15 × ____ = 90
18) 15 × ____ = 135
19) 15 × ____ = 120
20) 15 × ____ = 90
21) 15 × ____ = 165
22) 15 × ____ = 60
23) 15 × ____ = 150
24) 15 × ____ = 30
25) 15 × ____ = 180

15× Table

$0 \times 15 = 0$
$1 \times 15 = 15$
$2 \times 15 = 30$
$3 \times 15 = 45$
$4 \times 15 = 60$
$5 \times 15 = 75$
$6 \times 15 = 90$
$7 \times 15 = 105$
$8 \times 15 = 120$
$9 \times 15 = 135$
$10 \times 15 = 150$
$11 \times 15 = 165$
$12 \times 15 = 180$

16× TABLE

15 DAY PROGRAMME

WEEK 1 – DAY 5

When you have finished the written exercises, use the cards to practise your **16× Table**.

Multiply and write in the answers. You can look at the 16× Table opposite if you need to.

Exercise 4: 17

1) 10×16 = _____
2) 3×16 = _____
3) 9×16 = _____
4) 7×16 = _____
5) 6×16 = _____
6) 11×16 = _____
7) 4×16 = _____
8) 12×16 = _____
9) 8×16 = _____
10) 3×16 = _____
11) 2×16 = _____
12) 9×16 = _____
13) 5×16 = _____
14) 7×16 = _____
15) 8×16 = _____
16) 12×16 = _____
17) 4×16 = _____
18) 7×16 = _____
19) 0×16 = _____
20) 6×16 = _____
21) 1×16 = _____
22) 2×16 = _____
23) 11×16 = _____
24) 8×16 = _____
25) 6×16 = _____

Exercise 4: 18

1) 16×6 = _____
2) 16×10 = _____
3) 16×0 = _____
4) 16×7 = _____
5) 16×4 = _____
6) 16×2 = _____
7) 16×6 = _____
8) 16×9 = _____
9) 16×3 = _____
10) 16×12 = _____
11) 16×8 = _____
12) 16×7 = _____
13) 16×11 = _____
14) 16×3 = _____
15) 16×8 = _____
16) 16×7 = _____
17) 16×6 = _____
18) 16×8 = _____
19) 16×9 = _____
20) 16×5 = _____
21) 16×12 = _____
22) 16×4 = _____
23) 16×11 = _____
24) 16×2 = _____
25) 16×1 = _____

Fold back the flap.
Then complete these:

FOLD

Learn this Table.

Exercise 4: 19

1) ____ × 16 = 32
2) ____ × 16 = 128
3) ____ × 16 = 192
4) ____ × 16 = 48
5) ____ × 16 = 176
6) ____ × 16 = 64
7) ____ × 16 = 96
8) ____ × 16 = 16
9) ____ × 16 = 112
10) ____ × 16 = 32
11) ____ × 16 = 192
12) ____ × 16 = 144
13) ____ × 16 = 176
14) ____ × 16 = 112
15) ____ × 16 = 144
16) ____ × 16 = 80
17) ____ × 16 = 0
18) ____ × 16 = 16
19) ____ × 16 = 96
20) ____ × 16 = 128
21) ____ × 16 = 160
22) ____ × 16 = 96
23) ____ × 16 = 128
24) ____ × 16 = 112
25) ____ × 16 = 64

Exercise 4: 20

1) 16 × ____ = 0
2) 16 × ____ = 80
3) 16 × ____ = 144
4) 16 × ____ = 48
5) 16 × ____ = 192
6) 16 × ____ = 112
7) 16 × ____ = 32
8) 16 × ____ = 64
9) 16 × ____ = 96
10) 16 × ____ = 112
11) 16 × ____ = 128
12) 16 × ____ = 160
13) 16 × ____ = 96
14) 16 × ____ = 176
15) 16 × ____ = 128
16) 16 × ____ = 32
17) 16 × ____ = 176
18) 16 × ____ = 128
19) 16 × ____ = 192
20) 16 × ____ = 48
21) 16 × ____ = 16
22) 16 × ____ = 96
23) 16 × ____ = 64
24) 16 × ____ = 144
25) 16 × ____ = 128

16× Table

0 × 16 = 0
1 × 16 = 16
2 × 16 = 32
3 × 16 = 48
4 × 16 = 64
5 × 16 = 80
6 × 16 = 96
7 × 16 = 112
8 × 16 = 128
9 × 16 = 144
10 × 16 = 160
11 × 16 = 176
12 × 16 = 192

15× TABLE **16× TABLE**

15 DAY PROGRAMME WEEK 2 – DAY 1

Complete the last column on page 15.
Then fill in the missing figures below:

Exercise 5: 1

1) $2 \times 15 = $ _____
2) $3 \times 16 = $ _____
3) $7 \times 16 = $ _____
4) $4 \times 15 = $ _____
5) $6 \times 15 = $ _____
6) $3 \times 15 = $ _____
7) $0 \times 16 = $ _____
8) $5 \times 16 = $ _____
9) $7 \times 15 = $ _____
10) $9 \times 16 = $ _____
11) $5 \times 15 = $ _____
12) $8 \times 15 = $ _____
13) $4 \times 16 = $ _____
14) $11 \times 16 = $ _____
15) $8 \times 16 = $ _____
16) $11 \times 15 = $ _____
17) $1 \times 15 = $ _____
18) $12 \times 16 = $ _____
19) $6 \times 16 = $ _____
20) $10 \times 16 = $ _____
21) $8 \times 15 = $ _____
22) $2 \times 16 = $ _____
23) $7 \times 16 = $ _____
24) $9 \times 15 = $ _____
25) $12 \times 15 = $ _____

Exercise 5: 2

1) $16 \times 1 = $ _____
2) $15 \times 7 = $ _____
3) $16 \times 0 = $ _____
4) $16 \times 4 = $ _____
5) $15 \times 3 = $ _____
6) $16 \times 2 = $ _____
7) $15 \times 6 = $ _____
8) $15 \times 9 = $ _____
9) $16 \times 7 = $ _____
10) $15 \times 12 = $ _____
11) $16 \times 8 = $ _____
12) $15 \times 4 = $ _____
13) $16 \times 6 = $ _____
14) $16 \times 11 = $ _____
15) $15 \times 7 = $ _____
16) $15 \times 2 = $ _____
17) $15 \times 10 = $ _____
18) $16 \times 9 = $ _____
19) $16 \times 3 = $ _____
20) $16 \times 12 = $ _____
21) $15 \times 6 = $ _____
22) $15 \times 11 = $ _____
23) $15 \times 8 = $ _____
24) $16 \times 8 = $ _____
25) $16 \times 5 = $ _____

When you have finished the exercises, use the cards to practise your **15×** and **16× Tables**.

© 2014 Stephen Curran ae

Fold back the flap. Then try to finish these without looking at the Tables.

Exercise 5: 3

1) ____ × 16 = 80
2) ____ × 15 = 180
3) ____ × 15 = 60
4) ____ × 16 = 64
5) ____ × 15 = 105
6) ____ × 16 = 0
7) ____ × 16 = 128
8) ____ × 15 = 30
9) ____ × 16 = 176
10) ____ × 15 = 135
11) ____ × 15 = 90
12) ____ × 16 = 112
13) ____ × 16 = 176
14) ____ × 15 = 15
15) ____ × 16 = 192
16) ____ × 15 = 120
17) ____ × 16 = 128
18) ____ × 15 = 45
19) ____ × 16 = 144
20) ____ × 16 = 112
21) ____ × 15 = 0
22) ____ × 16 = 176
23) ____ × 15 = 120
24) ____ × 16 = 48
25) ____ × 16 = 96

Exercise 5: 4

1) 15 × ____ = 165
2) 16 × ____ = 192
3) 15 × ____ = 30
4) 16 × ____ = 112
5) 15 × ____ = 60
6) 15 × ____ = 90
7) 16 × ____ = 16
8) 16 × ____ = 64
9) 15 × ____ = 135
10) 16 × ____ = 96
11) 15 × ____ = 15
12) 15 × ____ = 150
13) 16 × ____ = 80
14) 15 × ____ = 180
15) 15 × ____ = 0
16) 16 × ____ = 112
17) 15 × ____ = 75
18) 16 × ____ = 128
19) 15 × ____ = 120
20) 16 × ____ = 176
21) 16 × ____ = 144
22) 16 × ____ = 48
23) 15 × ____ = 45
24) 16 × ____ = 32
25) 15 × ____ = 105

FOLD

Complete first:

0 × 15 = ____
1 × 15 = ____
2 × 15 = ____
3 × 15 = ____
4 × 15 = ____
5 × 15 = ____
6 × 15 = ____
7 × 15 = ____
8 × 15 = ____
9 × 15 = ____
10 × 15 = ____
11 × 15 = ____
12 × 15 = ____

0 × 16 = ____
1 × 16 = ____
2 × 16 = ____
3 × 16 = ____
4 × 16 = ____
5 × 16 = ____
6 × 16 = ____
7 × 16 = ____
8 × 16 = ____
9 × 16 = ____
10 × 16 = ____
11 × 16 = ____
12 × 16 = ____

14× TABLE 15× TABLE 16× TABLE

15 DAY PROGRAMME
WEEK 2 – DAY 2

Complete the last column on page 17.
Then fill in the missing figures below:

When you have finished the exercises, use the cards to practise your **14×, 15× & 16× Tables**.

16

Exercise 5: 5

1) 4 × 14 = _____
2) 6 × 14 = _____
3) 3 × 16 = _____
4) 7 × 15 = _____
5) 3 × 15 = _____
6) 1 × 14 = _____
7) 11 × 16 = _____
8) 7 × 15 = _____
9) 9 × 14 = _____
10) 12 × 15 = _____
11) 8 × 14 = _____
12) 7 × 16 = _____
13) 9 × 15 = _____
14) 0 × 16 = _____
15) 12 × 14 = _____
16) 5 × 15 = _____
17) 8 × 16 = _____
18) 6 × 14 = _____
19) 11 × 15 = _____
20) 2 × 14 = _____
21) 8 × 16 = _____
22) 10 × 14 = _____
23) 6 × 16 = _____
24) 2 × 15 = _____
25) 4 × 16 = _____

Exercise 5: 6

1) 16 × 2 = _____
2) 14 × 3 = _____
3) 15 × 8 = _____
4) 14 × 11 = _____
5) 16 × 9 = _____
6) 15 × 4 = _____
7) 15 × 2 = _____
8) 14 × 7 = _____
9) 16 × 0 = _____
10) 14 × 12 = _____
11) 15 × 5 = _____
12) 16 × 6 = _____
13) 15 × 10 = _____
14) 14 × 7 = _____
15) 16 × 3 = _____
16) 15 × 1 = _____
17) 14 × 11 = _____
18) 16 × 7 = _____
19) 15 × 9 = _____
20) 14 × 4 = _____
21) 15 × 6 = _____
22) 16 × 12 = _____
23) 15 × 8 = _____
24) 16 × 6 = _____
25) 14 × 8 = _____

Fold back the flap.
Then try to complete these:

Exercise 5: 7

1) ____ × 16 = 32

2) ____ × 14 = 98

3) ____ × 14 = 42

4) ____ × 14 = 168

5) ____ × 16 = 160

6) ____ × 14 = 56

7) ____ × 14 = 154

8) ____ × 16 = 112

9) ____ × 16 = 144

10) ____ × 15 = 105

11) ____ × 16 = 176

12) ____ × 16 = 48

13) ____ × 14 = 28

14) ____ × 15 = 90

15) ____ × 14 = 112

16) ____ × 15 = 60

17) ____ × 14 = 70

18) ____ × 16 = 48

19) ____ × 16 = 16

20) ____ × 14 = 0

21) ____ × 15 = 180

22) ____ × 15 = 45

23) ____ × 14 = 84

24) ____ × 16 = 128

25) ____ × 15 = 120

[ ]

Exercise 5: 8

1) 15 × ____ = 180

2) 16 × ____ = 160

3) 14 × ____ = 56

4) 15 × ____ = 135

5) 15 × ____ = 45

6) 14 × ____ = 154

7) 16 × ____ = 0

8) 16 × ____ = 192

9) 14 × ____ = 14

10) 15 × ____ = 15

11) 14 × ____ = 112

12) 15 × ____ = 60

13) 14 × ____ = 84

14) 16 × ____ = 32

15) 15 × ____ = 90

16) 14 × ____ = 42

17) 16 × ____ = 128

18) 16 × ____ = 144

19) 14 × ____ = 70

20) 15 × ____ = 120

21) 16 × ____ = 112

22) 14 × ____ = 126

23) 15 × ____ = 30

24) 14 × ____ = 98

25) 16 × ____ = 176

[ ]

Complete first:

2 × 14 = ____
3 × 14 = ____
4 × 14 = ____
5 × 14 = ____
6 × 14 = ____
7 × 14 = ____
8 × 14 = ____
9 × 14 = ____
10 × 14 = ____
11 × 14 = ____
12 × 14 = ____

2 × 15 = ____
3 × 15 = ____
4 × 15 = ____
5 × 15 = ____
6 × 15 = ____
7 × 15 = ____
8 × 15 = ____
9 × 15 = ____
10 × 15 = ____
11 × 15 = ____
12 × 15 = ____

2 × 16 = ____
3 × 16 = ____
4 × 16 = ____
5 × 16 = ____
6 × 16 = ____
7 × 16 = ____
8 × 16 = ____
9 × 16 = ____
10 × 16 = ____
11 × 16 = ____
12 × 16 =

17× TABLE

Fill in the missing numbers. You can look at the 17× Table opposite if you need to.

15 DAY PROGRAMME WEEK 2 – DAY 3

Exercise 5: 9	Exercise 5: 10
1) $2 \times 17 =$ _____	1) $17 \times 2 =$ _____
2) $11 \times 17 =$ _____	2) $17 \times 0 =$ _____
3) $7 \times 17 =$ _____	3) $17 \times 9 =$ _____
4) $12 \times 17 =$ _____	4) $17 \times 11 =$ _____
5) $9 \times 17 =$ _____	5) $17 \times 7 =$ _____
6) $6 \times 17 =$ _____	6) $17 \times 12 =$ _____
7) $7 \times 17 =$ _____	7) $17 \times 6 =$ _____
8) $11 \times 17 =$ _____	8) $17 \times 11 =$ _____
9) $6 \times 17 =$ _____	9) $17 \times 7 =$ _____
10) $5 \times 17 =$ _____	10) $17 \times 5 =$ _____
11) $3 \times 17 =$ _____	11) $17 \times 8 =$ _____
12) $4 \times 17 =$ _____	12) $17 \times 6 =$ _____
13) $6 \times 17 =$ _____	13) $17 \times 3 =$ _____
14) $8 \times 17 =$ _____	14) $17 \times 4 =$ _____
15) $1 \times 17 =$ _____	15) $17 \times 6 =$ _____
16) $7 \times 17 =$ _____	16) $17 \times 8 =$ _____
17) $8 \times 17 =$ _____	17) $17 \times 1 =$ _____
18) $12 \times 17 =$ _____	18) $17 \times 7 =$ _____
19) $10 \times 17 =$ _____	19) $17 \times 12 =$ _____
20) $9 \times 17 =$ _____	20) $17 \times 8 =$ _____
21) $4 \times 17 =$ _____	21) $17 \times 10 =$ _____
22) $8 \times 17 =$ _____	22) $17 \times 9 =$ _____
23) $2 \times 17 =$ _____	23) $17 \times 4 =$ _____
24) $0 \times 17 =$ _____	24) $17 \times 3 =$ _____
25) $3 \times 17 =$ _____	25) $17 \times 2 =$ _____

When you have finished the written exercises, use the cards to ... ur **17× Table**.

Fold back the flap.
Now complete these exercises:

Exercise 5: 11

1) ____ × 17 = 170

2) ____ × 17 = 153

3) ____ × 17 = 68

4) ____ × 17 = 51

5) ____ × 17 =   0

6) ____ × 17 = 119

7) ____ × 17 = 136

8) ____ × 17 = 204

9) ____ × 17 = 187

10) ____ × 17 = 136

11) ____ × 17 = 119

12) ____ × 17 = 85

13) ____ × 17 = 51

14) ____ × 17 = 102

15) ____ × 17 = 34

16) ____ × 17 = 204

17) ____ × 17 = 68

18) ____ × 17 = 17

19) ____ × 17 = 119

20) ____ × 17 = 153

21) ____ × 17 = 34

22) ____ × 17 = 102

23) ____ × 17 = 136

24) ____ × 17 = 102

25) ____ × 17 = 187

Exercise 5: 12

1) 17 × ____ = 170

2) 17 × ____ = 119

3) 17 × ____ = 85

4) 17 × ____ = 51

5) 17 × ____ = 204

6) 17 × ____ = 119

7) 17 × ____ = 153

8) 17 × ____ = 34

9) 17 × ____ = 85

10) 17 × ____ = 136

11) 17 × ____ = 102

12) 17 × ____ = 153

13) 17 × ____ = 68

14) 17 × ____ = 51

15) 17 × ____ = 136

16) 17 × ____ = 119

17) 17 × ____ = 187

18) 17 × ____ = 204

19) 17 × ____ = 34

20) 17 × ____ = 136

21) 17 × ____ = 17

22) 17 × ____ =   0

23) 17 × ____ = 68

24) 17 × ____ = 102

25) 17 × ____ = 187

17× Table

0 × 17 =   0

1 × 17 =   17

2 × 17 =   34

3 × 17 =   51

4 × 17 =   68

5 × 17 =   85

6 × 17 = 102

7 × 17 = 119

8 × 17 = 136

9 × 17 = 153

10 × 17 = 170

11 × 17 = 187

12 × 17 = 204

ae © 2014 Stephen Curran

18× TABLE

Fill in the missing numbers. You can look at the 18× Table opposite if you need to.

Exercise 5: 13

1) 6 × 18 = _____
2) 3 × 18 = _____
3) 8 × 18 = _____
4) 7 × 18 = _____
5) 2 × 18 = _____
6) 9 × 18 = _____
7) 11 × 18 = _____
8) 4 × 18 = _____
9) 1 × 18 = _____
10) 8 × 18 = _____
11) 6 × 18 = _____
12) 11 × 18 = _____
13) 0 × 18 = _____
14) 5 × 18 = _____
15) 4 × 18 = _____
16) 10 × 18 = _____
17) 9 × 18 = _____
18) 7 × 18 = _____
19) 11 × 18 = _____
20) 8 × 18 = _____
21) 2 × 18 = _____
22) 7 × 18 = _____
23) 3 × 18 = _____
24) 6 × 18 = _____
25) 11 × 18 = _____

Exercise 5: 14

1) 18 × 0 = _____
2) 18 × 2 = _____
3) 18 × 6 = _____
4) 18 × 3 = _____
5) 18 × 7 = _____
6) 18 × 11 = _____
7) 18 × 6 = _____
8) 18 × 8 = _____
9) 18 × 6 = _____
10) 18 × 11 = _____
11) 18 × 9 = _____
12) 18 × 2 = _____
13) 18 × 7 = _____
14) 18 × 8 = _____
15) 18 × 12 = _____
16) 18 × 1 = _____
17) 18 × 4 = _____
18) 18 × 5 = _____
19) 18 × 7 = _____
20) 18 × 9 = _____
21) 18 × 10 = _____
22) 18 × 4 = _____
23) 18 × 12 = _____
24) 18 × 8 = _____
25) 18 × 3 = _____

15 DAY PROGRAMME WEEK 2 – DAY 4

When you have finished the exercises, use the cards to practise your **18× Tables**.

20

Fold back the flap.
Then try to complete these:

FOLD

Learn this Table.

Exercise 5: 15

1) ____ × 18 = 162

2) ____ × 18 = 216

3) ____ × 18 = 144

4) ____ × 18 = 108

5) ____ × 18 = 54

6) ____ × 18 = 0

7) ____ × 18 = 126

8) ____ × 18 = 54

9) ____ × 18 = 72

10) ____ × 18 = 126

11) ____ × 18 = 108

12) ____ × 18 = 18

13) ____ × 18 = 180

14) ____ × 18 = 36

15) ____ × 18 = 144

16) ____ × 18 = 216

17) ____ × 18 = 162

18) ____ × 18 = 198

19) ____ × 18 = 144

20) ____ × 18 = 108

21) ____ × 18 = 90

22) ____ × 18 = 72

23) ____ × 18 = 198

24) ____ × 18 = 126

25) ____ × 18 = 36

Exercise 5: 16

1) 18 × ____ = 198

2) 18 × ____ = 126

3) 18 × ____ = 36

4) 18 × ____ = 162

5) 18 × ____ = 36

6) 18 × ____ = 126

7) 18 × ____ = 144

8) 18 × ____ = 216

9) 18 × ____ = 54

10) 18 × ____ = 108

11) 18 × ____ = 144

12) 18 × ____ = 18

13) 18 × ____ = 72

14) 18 × ____ = 0

15) 18 × ____ = 198

16) 18 × ____ = 108

17) 18 × ____ = 126

18) 18 × ____ = 162

19) 18 × ____ = 180

20) 18 × ____ = 72

21) 18 × ____ = 90

22) 18 × ____ = 108

23) 18 × ____ = 54

24) 18 × ____ = 144

25) 18 × ____ = 216

18× Table

$0 \times 18 = 0$

$1 \times 18 = 18$

$2 \times 18 = 36$

$3 \times 18 = 54$

$4 \times 18 = 72$

$5 \times 18 = 90$

$6 \times 18 = 108$

$7 \times 18 = 126$

$8 \times 18 = 144$

$9 \times 18 = 162$

$10 \times 18 = 180$

$11 \times 18 = 198$

$12 \times 18 = 216$

15 DAY PROGRAMME WEEK 2 – DAY 5

Complete the last column on page 23.
Then fill in the missing figures below:

Exercise 5: 17	**Exercise 5: 18**
1) $5 \times 18 =$ _____	1) $17 \times 6 =$ _____
2) $7 \times 17 =$ _____	2) $17 \times 7 =$ _____
3) $6 \times 18 =$ _____	3) $18 \times 5 =$ _____
4) $9 \times 18 =$ _____	4) $17 \times 8 =$ _____
5) $12 \times 17 =$ _____	5) $18 \times 3 =$ _____
6) $8 \times 17 =$ _____	6) $17 \times 9 =$ _____
7) $4 \times 18 =$ _____	7) $17 \times 1 =$ _____
8) $1 \times 17 =$ _____	8) $18 \times 11 =$ _____
9) $12 \times 18 =$ _____	9) $18 \times 9 =$ _____
10) $10 \times 17 =$ _____	10) $17 \times 12 =$ _____
11) $11 \times 17 =$ _____	11) $18 \times 7 =$ _____
12) $8 \times 18 =$ _____	12) $17 \times 2 =$ _____
13) $11 \times 18 =$ _____	13) $18 \times 1 =$ _____
14) $10 \times 18 =$ _____	14) $17 \times 4 =$ _____
15) $8 \times 17 =$ _____	15) $17 \times 10 =$ _____
16) $2 \times 17 =$ _____	16) $17 \times 5 =$ _____
17) $7 \times 18 =$ _____	17) $18 \times 7 =$ _____
18) $5 \times 17 =$ _____	18) $17 \times 8 =$ _____
19) $4 \times 17 =$ _____	19) $18 \times 0 =$ _____
20) $7 \times 18 =$ _____	20) $18 \times 11 =$ _____
21) $9 \times 18 =$ _____	21) $18 \times 4 =$ _____
22) $3 \times 17 =$ _____	22) $17 \times 3 =$ _____
23) $3 \times 18 =$ _____	23) $17 \times 0 =$ _____
24) $8 \times 17 =$ _____	24) $18 \times 10 =$ _____
25) $6 \times 18 =$ _____	25) $18 \times 12 =$ _____

4× 8×
4×
×4
When you have finished the exercises, use the cards to practise your **17×** and **18× Tables**.

Fold back the flap.
Fill in the missing numbers:

FOLD

Complete first:

$0 \times 17 = $ ____

$1 \times 17 = $ ____

$2 \times 17 = $ ____

$3 \times 17 = $ ____

$4 \times 17 = $ ____

$5 \times 17 = $ ____

$6 \times 17 = $ ____

$7 \times 17 = $ ____

$8 \times 17 = $ ____

$9 \times 17 = $ ____

$10 \times 17 = $ ____

$11 \times 17 = $ ____

$12 \times 17 = $ ____

$0 \times 18 = $ ____

$1 \times 18 = $ ____

$2 \times 18 = $ ____

$3 \times 18 = $ ____

$4 \times 18 = $ ____

$5 \times 18 = $ ____

$6 \times 18 = $ ____

$7 \times 18 = $ ____

$8 \times 18 = $ ____

$9 \times 18 = $ ____

$10 \times 18 = $ ____

$11 \times 18 = $ ____

$12 \times 18 = $ ____

Exercise 5: 19

1) ____ $\times 18 = 198$

2) ____ $\times 17 = 204$

3) ____ $\times 17 = 34$

4) ____ $\times 18 = 126$

5) ____ $\times 17 = 68$

6) ____ $\times 18 = 108$

7) ____ $\times 18 = 216$

8) ____ $\times 17 = 17$

9) ____ $\times 18 = 162$

10) ____ $\times 17 = 102$

11) ____ $\times 18 = 18$

12) ____ $\times 18 = 180$

13) ____ $\times 17 = 85$

14) ____ $\times 17 = 187$

15) ____ $\times 17 = 0$

16) ____ $\times 18 = 72$

17) ____ $\times 18 = 36$

18) ____ $\times 17 = 136$

19) ____ $\times 18 = 144$

20) ____ $\times 17 = 119$

21) ____ $\times 17 = 153$

22) ____ $\times 18 = 54$

23) ____ $\times 17 = 51$

24) ____ $\times 18 = 90$

25) ____ $\times 18 = 108$

Exercise 5: 20

1) $17 \times$ _____ $= 85$

2) $17 \times$ _____ $= 204$

3) $17 \times$ _____ $= 68$

4) $18 \times$ _____ $= 72$

5) $18 \times$ _____ $= 54$

6) $17 \times$ _____ $= 34$

7) $18 \times$ _____ $= 36$

8) $17 \times$ _____ $= 136$

9) $18 \times$ _____ $= 162$

10) $17 \times$ _____ $= 187$

11) $17 \times$ _____ $= 170$

12) $18 \times$ _____ $= 108$

13) $18 \times$ _____ $= 126$

14) $17 \times$ _____ $= 17$

15) $17 \times$ _____ $= 102$

16) $18 \times$ _____ $= 144$

17) $17 \times$ _____ $= 0$

18) $18 \times$ _____ $= 180$

19) $17 \times$ _____ $= 153$

20) $18 \times$ _____ $= 90$

21) $17 \times$ _____ $= 119$

22) $18 \times$ _____ $= 198$

23) $18 \times$ _____ $= 216$

24) $18 \times$ _____ $= 0$

25) $17 \times$ _____ $= 102$

15 DAY PROGRAMME

WEEK 3 – DAY 1

Complete the last column on page 25.
Then fill in the missing figures below:

Exercise 6: 1	**Exercise 6: 2**
1) $5 \times 17 =$ _____	1) $16 \times 12 =$____
2) $11 \times 18 =$ _____	2) $17 \times 2 =$____
3) $9 \times 16 =$ _____	3) $18 \times 9 =$____
4) $6 \times 17 =$ _____	4) $17 \times 11 =$____
5) $4 \times 16 =$ _____	5) $18 \times 6 =$____
6) $3 \times 17 =$ _____	6) $17 \times 7 =$____
7) $12 \times 18 =$ _____	7) $16 \times 4 =$____
8) $4 \times 17 =$ _____	8) $18 \times 9 =$____
9) $1 \times 16 =$ _____	9) $17 \times 7 =$____
10) $10 \times 18 =$ _____	10) $16 \times 2 =$____
11) $11 \times 17 =$ _____	11) $18 \times 12 =$____
12) $7 \times 18 =$ _____	12) $16 \times 4 =$____
13) $2 \times 16 =$ _____	13) $17 \times 10 =$____
14) $8 \times 17 =$ _____	14) $16 \times 1 =$____
15) $8 \times 18 =$ _____	15) $18 \times 6 =$____
16) $7 \times 16 =$ _____	16) $16 \times 8 =$____
17) $6 \times 17 =$ _____	17) $17 \times 3 =$____
18) $12 \times 18 =$ _____	18) $16 \times 5 =$____
19) $2 \times 16 =$ _____	19) $18 \times 0 =$____
20) $7 \times 18 =$ _____	20) $17 \times 8 =$____
21) $9 \times 18 =$ _____	21) $18 \times 8 =$____
22) $3 \times 16 =$ _____	22) $17 \times 6 =$____
23) $8 \times 18 =$ _____	23) $16 \times 7 =$____
24) $6 \times 17 =$ _____	24) $17 \times 3 =$____
25) $0 \times 16 =$ _____	25) $18 \times 11 =$____

When you have finished the exercises, use the cards to practise your **16×**, **17×** & **18× Tables**.

Fold back the flap.
Now try these without looking at the Tables.

FOLD

Complete first:

2 × 16 = _____
3 × 16 = _____
4 × 16 = _____
5 × 16 = _____
6 × 16 = _____
7 × 16 = _____
8 × 16 = _____
9 × 16 = _____
10 × 16 = _____
11 × 16 = _____
12 × 16 = _____

2 × 17 = _____
3 × 17 = _____
4 × 17 = _____
5 × 17 = _____
6 × 17 = _____
7 × 17 = _____
8 × 17 = _____
9 × 17 = _____
10 × 17 = _____
11 × 17 = _____
12 × 17 = _____

2 × 18 = _____
3 × 18 = _____
4 × 18 = _____
5 × 18 = _____
6 × 18 = _____
7 × 18 = _____
8 × 18 = _____
9 × 18 = _____
10 × 18 = _____
11 × 18 = _____
12 × 18 = _____

Exercise 6: 3

1) _____ × 16 = 64
2) _____ × 17 = 85
3) _____ × 18 = 0
4) _____ × 17 = 153
5) _____ × 18 = 126
6) _____ × 16 = 112
7) _____ × 18 = 162
8) _____ × 17 = 34
9) _____ × 16 = 160
10) _____ × 18 = 216
11) _____ × 17 = 17
12) _____ × 18 = 36
13) _____ × 16 = 48
14) _____ × 16 = 144
15) _____ × 18 = 198
16) _____ × 17 = 51
17) _____ × 18 = 72
18) _____ × 17 = 102
19) _____ × 16 = 160
20) _____ × 17 = 204
21) _____ × 18 = 18
22) _____ × 16 = 80
23) _____ × 16 = 192
24) _____ × 17 = 136
25) _____ × 18 = 90

Exercise 6: 4

1) 17 × _____ = 51
2) 18 × _____ = 54
3) 16 × _____ = 64
4) 17 × _____ = 204
5) 18 × _____ = 162
6) 16 × _____ = 112
7) 18 × _____ = 90
8) 17 × _____ = 119
9) 18 × _____ = 36
10) 16 × _____ = 80
11) 18 × _____ = 108
12) 16 × _____ = 48
13) 17 × _____ = 68
14) 16 × _____ = 192
15) 18 × _____ = 144
16) 16 × _____ = 176
17) 18 × _____ = 162
18) 17 × _____ = 17
19) 18 × _____ = 198
20) 16 × _____ = 96
21) 17 × _____ = 153
22) 16 × _____ = 0
23) 17 × _____ = 170
24) 18 × _____ = 126
25) 17 × _____ = 34

19× TABLE

Fill in the missing numbers. You can look at the 19× Table opposite if you need to.

15 DAY PROGRAMME WEEK 3 – DAY 2

Exercise 6: 5

1) $8 \times 19 =$ _____
2) $12 \times 19 =$ _____
3) $6 \times 19 =$ _____
4) $11 \times 19 =$ _____
5) $5 \times 19 =$ _____
6) $2 \times 19 =$ _____
7) $0 \times 19 =$ _____
8) $6 \times 19 =$ _____
9) $11 \times 19 =$ _____
10) $6 \times 19 =$ _____
11) $8 \times 19 =$ _____
12) $7 \times 19 =$ _____
13) $8 \times 19 =$ _____
14) $1 \times 19 =$ _____
15) $12 \times 19 =$ _____
16) $2 \times 19 =$ _____
17) $4 \times 19 =$ _____
18) $1 \times 19 =$ _____
19) $3 \times 19 =$ _____
20) $10 \times 19 =$ _____
21) $7 \times 19 =$ _____
22) $9 \times 19 =$ _____
23) $4 \times 19 =$ _____
24) $3 \times 19 =$ _____
25) $9 \times 19 =$ _____

Exercise 6: 6

1) $19 \times 1 =$ _____
2) $19 \times 4 =$ _____
3) $19 \times 2 =$ _____
4) $19 \times 7 =$ _____
5) $19 \times 10 =$ _____
6) $19 \times 6 =$ _____
7) $19 \times 12 =$ _____
8) $19 \times 3 =$ _____
9) $19 \times 12 =$ _____
10) $19 \times 9 =$ _____
11) $19 \times 4 =$ _____
12) $19 \times 3 =$ _____
13) $19 \times 0 =$ _____
14) $19 \times 6 =$ _____
15) $19 \times 11 =$ _____
16) $19 \times 6 =$ _____
17) $19 \times 5 =$ _____
18) $19 \times 7 =$ _____
19) $19 \times 11 =$ _____
20) $19 \times 8 =$ _____
21) $19 \times 7 =$ _____
22) $19 \times 8 =$ _____
23) $19 \times 2 =$ _____
24) $19 \times 9 =$ _____
25) $19 \times 8 =$ _____

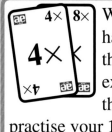

When you have finished the written exercises, use the cards to practise your **19× Table**.

Fold back the flap.
Then try these exercises:

Learn this Table.

Exercise 6: 7

1) ____ × 19 = 152
2) ____ × 19 = 209
3) ____ × 19 = 38
4) ____ × 19 = 171
5) ____ × 19 = 228
6) ____ × 19 = 95
7) ____ × 19 = 0
8) ____ × 19 = 114
9) ____ × 19 = 38
10) ____ × 19 = 152
11) ____ × 19 = 19
12) ____ × 19 = 76
13) ____ × 19 = 19
14) ____ × 19 = 133
15) ____ × 19 = 76
16) ____ × 19 = 57
17) ____ × 19 = 228
18) ____ × 19 = 209
19) ____ × 19 = 114
20) ____ × 19 = 57
21) ____ × 19 = 171
22) ____ × 19 = 152
23) ____ × 19 = 190
24) ____ × 19 = 133
25) ____ × 19 = 95

Exercise 6: 8

1) 19 × ____ = 114
2) 19 × ____ = 209
3) 19 × ____ = 152
4) 19 × ____ = 38
5) 19 × ____ = 57
6) 19 × ____ = 76
7) 19 × ____ = 133
8) 19 × ____ = 19
9) 19 × ____ = 76
10) 19 × ____ = 133
11) 19 × ____ = 38
12) 19 × ____ = 114
13) 19 × ____ = 57
14) 19 × ____ = 228
15) 19 × ____ = 171
16) 19 × ____ = 114
17) 19 × ____ = 0
18) 19 × ____ = 171
19) 19 × ____ = 209
20) 19 × ____ = 190
21) 19 × ____ = 171
22) 19 × ____ = 133
23) 19 × ____ = 95
24) 19 × ____ = 228
25) 19 × ____ = 152

19× Table

0	× 19	=	0
1	× 19	=	19
2	× 19	=	38
3	× 19	=	57
4	× 19	=	76
5	× 19	=	95
6	× 19	=	114
7	× 19	=	133
8	× 19	=	152
9	× 19	=	171
10	× 19	=	190
11	× 19	=	209
12	× 19	=	228

20× TABLE

15 DAY PROGRAMME WEEK 3 – DAY 3

When you have finished the written exercises, use the cards to practise your **20× Table**.

Complete these multiplication exercises. You can look at the 20× Table opposite if you need to.

Exercise 6: 9

1) $2 \times 20 =$ _____
2) $12 \times 20 =$ _____
3) $9 \times 20 =$ _____
4) $11 \times 20 =$ _____
5) $7 \times 20 =$ _____
6) $8 \times 20 =$ _____
7) $3 \times 20 =$ _____
8) $6 \times 20 =$ _____
9) $10 \times 20 =$ _____
10) $1 \times 20 =$ _____
11) $0 \times 20 =$ _____
12) $7 \times 20 =$ _____
13) $4 \times 20 =$ _____
14) $8 \times 20 =$ _____
15) $6 \times 20 =$ _____
16) $5 \times 20 =$ _____
17) $12 \times 20 =$ _____
18) $11 \times 20 =$ _____
19) $9 \times 20 =$ _____
20) $4 \times 20 =$ _____
21) $3 \times 20 =$ _____
22) $6 \times 20 =$ _____
23) $8 \times 20 =$ _____
24) $7 \times 20 =$ _____
25) $2 \times 20 =$ _____

Exercise 6: 10

1) $20 \times 7 =$ _____
2) $20 \times 8 =$ _____
3) $20 \times 1 =$ _____
4) $20 \times 2 =$ _____
5) $20 \times 4 =$ _____
6) $20 \times 7 =$ _____
7) $20 \times 3 =$ _____
8) $20 \times 0 =$ _____
9) $20 \times 10 =$ _____
10) $20 \times 11 =$ _____
11) $20 \times 12 =$ _____
12) $20 \times 2 =$ _____
13) $20 \times 5 =$ _____
14) $20 \times 6 =$ _____
15) $20 \times 8 =$ _____
16) $20 \times 4 =$ _____
17) $20 \times 6 =$ _____
18) $20 \times 11 =$ _____
19) $20 \times 7 =$ _____
20) $20 \times 8 =$ _____
21) $20 \times 9 =$ _____
22) $20 \times 6 =$ _____
23) $20 \times 3 =$ _____
24) $20 \times 12 =$ _____
25) $20 \times 9 =$ _____

Fold back the flap.
Then finish these exercises.

Learn this Table.

Exercise 6: 11

1) ____ × 20 = 60

2) ____ × 20 = 200

3) ____ × 20 = 120

4) ____ × 20 = 180

5) ____ × 20 = 20

6) ____ × 20 = 140

7) ____ × 20 = 80

8) ____ × 20 = 120

9) ____ × 20 = 160

10) ____ × 20 = 40

11) ____ × 20 = 60

12) ____ × 20 = 120

13) ____ × 20 = 220

14) ____ × 20 = 140

15) ____ × 20 = 160

16) ____ × 20 = 240

17) ____ × 20 = 0

18) ____ × 20 = 180

19) ____ × 20 = 220

20) ____ × 20 = 160

21) ____ × 20 = 240

22) ____ × 20 = 100

23) ____ × 20 = 40

24) ____ × 20 = 140

25) ____ × 20 = 80

Exercise 6: 12

1) 20 × ____ = 120

2) 20 × ____ = 40

3) 20 × ____ = 160

4) 20 × ____ = 140

5) 20 × ____ = 240

6) 20 × ____ = 20

7) 20 × ____ = 80

8) 20 × ____ = 40

9) 20 × ____ = 180

10) 20 × ____ = 140

11) 20 × ____ = 120

12) 20 × ____ = 0

13) 20 × ____ = 60

14) 20 × ____ = 240

15) 20 × ____ = 200

16) 20 × ____ = 220

17) 20 × ____ = 140

18) 20 × ____ = 60

19) 20 × ____ = 100

20) 20 × ____ = 180

21) 20 × ____ = 160

22) 20 × ____ = 80

23) 20 × ____ = 120

24) 20 × ____ = 160

25) 20 × ____ = 220

20× Table

$0 \times 20 = 0$

$1 \times 20 = 20$

$2 \times 20 = 40$

$3 \times 20 = 60$

$4 \times 20 = 80$

$5 \times 20 = 100$

$6 \times 20 = 120$

$7 \times 20 = 140$

$8 \times 20 = 160$

$9 \times 20 = 180$

$10 \times 20 = 200$

$11 \times 20 = 220$

$12 \times 20 = 240$

18× TABLE **19× TABLE**

20× TABLE

15 DAY PROGRAMME
WEEK 3 – DAY 4

4× 8×

4×

×4

When you have finished the exercises, use the cards to practise your **18×, 19× & 20× Tables**.

First complete the right-hand column on page 31. Then complete these exercises.

Exercise 6: 13

1) $3 \times 20 =$ _____

2) $10 \times 18 =$ _____

3) $4 \times 19 =$ _____

4) $6 \times 20 =$ _____

5) $9 \times 19 =$ _____

6) $5 \times 20 =$ _____

7) $12 \times 18 =$ _____

8) $4 \times 20 =$ _____

9) $1 \times 19 =$ _____

10) $8 \times 18 =$ _____

11) $11 \times 20 =$ _____

12) $7 \times 18 =$ _____

13) $2 \times 19 =$ _____

14) $8 \times 20 =$ _____

15) $2 \times 18 =$ _____

16) $0 \times 19 =$ _____

17) $9 \times 20 =$ _____

18) $3 \times 18 =$ _____

19) $5 \times 19 =$ _____

20) $9 \times 18 =$ _____

21) $4 \times 18 =$ _____

22) $3 \times 19 =$ _____

23) $11 \times 18 =$ _____

24) $7 \times 20 =$ _____

25) $7 \times 19 =$ _____

Exercise 6: 14

1) $19 \times 4 =$ _____

2) $20 \times 2 =$ _____

3) $18 \times 9 =$ _____

4) $20 \times 11 =$ _____

5) $18 \times 12 =$ _____

6) $20 \times 7 =$ _____

7) $19 \times 12 =$ _____

8) $18 \times 5 =$ _____

9) $20 \times 6 =$ _____

10) $19 \times 2 =$ _____

11) $18 \times 6 =$ _____

12) $19 \times 5 =$ _____

13) $20 \times 10 =$ _____

14) $19 \times 1 =$ _____

15) $18 \times 3 =$ _____

16) $19 \times 7 =$ _____

17) $20 \times 3 =$ _____

18) $19 \times 11 =$ _____

19) $18 \times 0 =$ _____

20) $20 \times 9 =$ _____

21) $18 \times 8 =$ _____

22) $20 \times 8 =$ _____

23) $19 \times 8 =$ _____

24) $20 \times 6 =$ _____

25) $18 \times 11 =$ _____

Fold back the flap.
Then try to complete these exercises.

Exercise 6: 15

1) ____ × 18 = 54

2) ____ × 20 = 40

3) ____ × 19 = 114

4) ____ × 19 = 228

5) ____ × 20 = 120

6) ____ × 18 = 144

7) ____ × 18 = 198

8) ____ × 19 = 95

9) ____ × 20 = 240

10) ____ × 18 = 36

11) ____ × 20 = 0

12) ____ × 20 = 60

13) ____ × 19 = 38

14) ____ × 18 = 126

15) ____ × 19 = 171

16) ____ × 20 = 20

17) ____ × 20 = 100

18) ____ × 20 = 160

19) ____ × 18 = 18

20) ____ × 18 = 216

21) ____ × 20 = 80

22) ____ × 19 = 133

23) ____ × 18 = 180

24) ____ × 19 = 76

25) ____ × 19 = 0

Exercise 6: 16

1) 20 × ____ = 60

2) 19 × ____ = 209

3) 18 × ____ = 54

4) 19 × ____ = 19

5) 18 × ____ = 108

6) 20 × ____ = 200

7) 18 × ____ = 90

8) 19 × ____ = 228

9) 18 × ____ = 216

10) 18 × ____ = 72

11) 20 × ____ = 40

12) 19 × ____ = 152

13) 20 × ____ = 80

14) 19 × ____ = 76

15) 18 × ____ = 180

16) 20 × ____ = 140

17) 20 × ____ = 120

18) 19 × ____ = 57

19) 18 × ____ = 36

20) 19 × ____ = 190

21) 19 × ____ = 0

22) 20 × ____ = 240

23) 18 × ____ = 18

24) 20 × ____ = 60

25) 19 × ____ = 38

Complete first:

2 × 18 = ____

3 × 18 = ____

4 × 18 = ____

5 × 18 = ____

6 × 18 = ____

7 × 18 = ____

8 × 18 = ____

9 × 18 = ____

10 × 18 = ____

11 × 18 = ____

12 × 18 = ____

2 × 19 = ____

3 × 19 = ____

4 × 19 = ____

5 × 19 = ____

6 × 19 = ____

7 × 19 = ____

8 × 19 = ____

9 × 19 = ____

10 × 19 = ____

11 × 19 = ____

12 × 19 = ____

2 × 20 = ____

3 × 20 = ____

4 × 20 = ____

5 × 20 = ____

6 × 20 = ____

7 × 20 = ____

8 × 20 = ____

9 × 20 = ____

10 × 20 = ____

11 × 20 = ____

12 × 20 = ____

ALL TABLES

15 DAY PROGRAMME WEEK 3 – DAY 5

When you have got all these right, you have mastered all the Times Tables.

Exercise 6: 17

1) $7 \times 15 =$ _____
2) $10 \times 20 =$ _____
3) $4 \times 18 =$ _____
4) $8 \times 17 =$ _____
5) $0 \times 13 =$ _____
6) $5 \times 17 =$ _____
7) $7 \times 16 =$ _____
8) $4 \times 19 =$ _____
9) $1 \times 14 =$ _____
10) $8 \times 18 =$ _____
11) $11 \times 20 =$ _____
12) $3 \times 19 =$ _____
13) $2 \times 14 =$ _____
14) $8 \times 16 =$ _____
15) $12 \times 17 =$ _____
16) $9 \times 15 =$ _____
17) $6 \times 13 =$ _____
18) $3 \times 15 =$ _____
19) $2 \times 16 =$ _____
20) $9 \times 18 =$ _____
21) $6 \times 20 =$ _____
22) $7 \times 19 =$ _____
23) $11 \times 14 =$ _____
24) $6 \times 13 =$ _____
25) $12 \times 20 =$ _____

Exercise 6: 18

1) $16 \times 7 =$ _____
2) $13 \times 6 =$ _____
3) $18 \times 10 =$ _____
4) $14 \times 8 =$ _____
5) $16 \times 12 =$ _____
6) $20 \times 7 =$ _____
7) $13 \times 12 =$ _____
8) $19 \times 9 =$ _____
9) $20 \times 8 =$ _____
10) $15 \times 2 =$ _____
11) $16 \times 6 =$ _____
12) $18 \times 5 =$ _____
13) $20 \times 9 =$ _____
14) $15 \times 1 =$ _____
15) $14 \times 6 =$ _____
16) $18 \times 4 =$ _____
17) $17 \times 3 =$ _____
18) $13 \times 4 =$ _____
19) $17 \times 0 =$ _____
20) $15 \times 3 =$ _____
21) $19 \times 8 =$ _____
22) $18 \times 11 =$ _____
23) $14 \times 7 =$ _____
24) $17 \times 2 =$ _____
25) $18 \times 9 =$ _____

When you have finished the written exercises, use the cards to practise **all** your **Tables**.

© 2014 Stephen Curran

Exercise 6: 19

1) _____ × 9 = 135

2) _____ × 2 = 34

3) _____ × 11 = 154

4) _____ × 4 = 64

5) _____ × 7 = 105

6) _____ × 6 = 78

7) _____ × 4 = 72

8) _____ × 2 = 28

9) _____ × 9 = 153

10) _____ × 8 = 128

11) _____ × 7 = 133

12) _____ × 3 = 60

13) _____ × 8 = 104

14) _____ × 12 = 192

15) _____ × 5 = 95

16) _____ × 6 = 84

17) _____ × 8 = 160

18) _____ × 12 = 180

19) _____ × 1 = 19

20) _____ × 3 = 39

21) _____ × 11 = 187

22) _____ × 7 = 126

23) _____ × 10 = 140

24) _____ × 7 = 140

25) _____ × 6 = 108

Exercise 6: 20

1) 5 × _____ = 85

2) 9 × _____ = 135

3) 3 × _____ = 39

4) 8 × _____ = 144

5) 8 × _____ = 112

6) 4 × _____ = 64

7) 11 × _____ = 187

8) 9 × _____ = 117

9) 8 × _____ = 120

10) 5 × _____ = 70

11) 3 × _____ = 48

12) 2 × _____ = 26

13) 12 × _____ = 216

14) 8 × _____ = 152

15) 6 × _____ = 102

16) 7 × _____ = 105

17) 4 × _____ = 80

18) 2 × _____ = 40

19) 9 × _____ = 117

20) 9 × _____ = 162

21) 3 × _____ = 57

22) 5 × _____ = 70

23) 6 × _____ = 96

24) 7 × _____ = 140

25) 12 × _____ = 228

Exercise 6: 21

1) _____ × 7 = 91

2) 6 × _____ = 96

3) 7 × _____ = 105

4) 7 × 18 = _____

5) 6 × _____ = 120

6) _____ × 3 = 42

7) 6 × _____ = 102

8) 8 × 18 = _____

9) 0 × 15 = _____

10) 11 × 16 = _____

11) _____ × 3 = 48

12) 7 × 14 = _____

13) 6 × _____ = 120

14) 2 × 16 = _____

15) _____ × 18 = 90

16) 7 × 13 = _____

17) 6 × _____ = 114

18) 4 × 14 = _____

19) _____ × 17 = 136

20) 7 × 19 = _____

21) 3 × 20 = _____

22) 5 × 13 = _____

23) 9 × _____ = 153

24) _____ × 17 = 51

25) 7 × 16 = _____

13× Table

0 × 13 = 0
1 × 13 = 13
2 × 13 = 26
3 × 13 = 39
4 × 13 = 52
5 × 13 = 65
6 × 13 = 78
7 × 13 = 91
8 × 13 = 104
9 × 13 = 117
10 × 13 = 130
11 × 13 = 143
12 × 13 = 156

14× Table

0 × 14 = 0
1 × 14 = 14
2 × 14 = 28
3 × 14 = 42
4 × 14 = 56
5 × 14 = 70
6 × 14 = 84
7 × 14 = 98
8 × 14 = 112
9 × 14 = 126
10 × 14 = 140
11 × 14 = 154
12 × 14 = 168

15× Table

0 × 15 = 0
1 × 15 = 15
2 × 15 = 30
3 × 15 = 45
4 × 15 = 60
5 × 15 = 75
6 × 15 = 90
7 × 15 = 105
8 × 15 = 120
9 × 15 = 135
10 × 15 = 150
11 × 15 = 165
12 × 15 = 180

16× Table

0 × 16 = 0
1 × 16 = 16
2 × 16 = 32
3 × 16 = 48
4 × 16 = 64
5 × 16 = 80
6 × 16 = 96
7 × 16 = 112
8 × 16 = 128
9 × 16 = 144
10 × 16 = 160
11 × 16 = 176
12 × 16 = 192

17× Table

0 × 17 = 0
1 × 17 = 17
2 × 17 = 34
3 × 17 = 51
4 × 17 = 68
5 × 17 = 85
6 × 17 = 102
7 × 17 = 119
8 × 17 = 136
9 × 17 = 153
10 × 17 = 170
11 × 17 = 187
12 × 17 = 204

18× Table

0 × 18 = 0
1 × 18 = 18
2 × 18 = 36
3 × 18 = 54
4 × 18 = 72
5 × 18 = 90
6 × 18 = 108
7 × 18 = 126
8 × 18 = 144
9 × 18 = 162
10 × 18 = 180
11 × 18 = 198
12 × 18 = 216

19× Table

0 × 19 = 0
1 × 19 = 19
2 × 19 = 38
3 × 19 = 57
4 × 19 = 76
5 × 19 = 95
6 × 19 = 114
7 × 19 = 133
8 × 19 = 152
9 × 19 = 171
10 × 19 = 190
11 × 19 = 209
12 × 19 = 228

20× Table

0 × 20 = 0
1 × 20 = 20
2 × 20 = 40
3 × 20 = 60
4 × 20 = 80
5 × 20 = 100
6 × 20 = 120
7 × 20 = 140
8 × 20 = 160
9 × 20 = 180
10 × 20 = 200
11 × 20 = 220
12 × 20 = 240

PROGRESS CHARTS

WEEK ONE

Scores

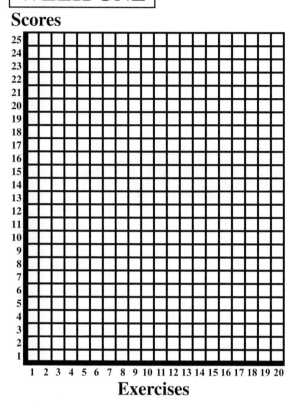

Exercises

Total Score   **Percentage**

$\div\, 500 \times 100 = \boxed{\%}$

WEEK TWO

Scores

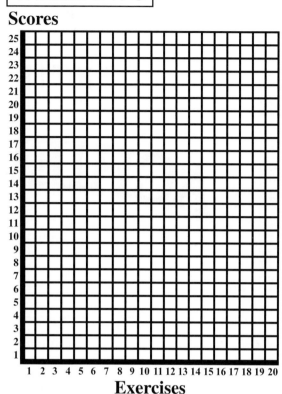

Exercises

Total Score   **Percentage**

$\div\, 500 \times 100 = \boxed{\%}$

WEEK THREE

Scores

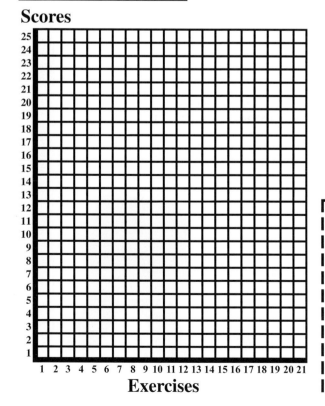

Exercises

Total Score   **Percentage**

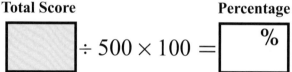

$\div\, 525 \times 100 = \boxed{\%}$

Add up the percentages
and divide by 3

Overall Percentage $\boxed{\%}$

CERTIFICATE OF

ACHIEVEMENT

This certifies

_____

has successfully completed

11+ Times Tables

WORKBOOK **2**

Overall percentage
score achieved

%

Comment _____

_____

Signed _____
(teacher/parent/guardian)

Date _____